DEVENIR POESÍA
Número 334
Colección dirigida por Juan Pastor

JUAN FRANCISCO GALLEGO

MAGNÍFICAS CRIATURAS

POESÍA

Devenir

Madrid, 2024

Primera edición, julio de 2024

Diseño: José Ramón Ballesteros de Diego

© Juan Francisco Gallego
© De la presente edición:
Fundación Devenir. Poesía y Ensayo
Apartado de correos número 5
28991 Torrejón de la Calzada (Madrid)
Teléfono: 918 169 210
Dirección de correo electrónico: pastorj@telefonica.net
Página web: www.devenir.es

ISBN: 978-84-18993-28-2
DEPÓSITO LEGAL: M-16280-2024

Impreso en Imprenta Kadmos
Salamanca
IMPRESO EN ESPAÑA - PRINTED IN SPAIN

INTRODUCCIÓN

En *Poemas de la locura,* Hölderlin deslizaba sus impresiones líricas a lo largo de las estaciones que, sin una cronología lógica, pasaban ante los ojos del lector: se podía empezar por el otoño, repetirlo a continuación y desde allí al verano más luminoso para encenderse después con las luces de diciembre.

Los poemas de la primera parte de *Magníficas criaturas,* CICLOS, transcurren, igualmente, sin un orden estacional aparente y tratan de expresar una experiencia (de amor, de contemplación, de reflexión...) a lo largo de los meses y que resulta difícilmente explicable. Es en ese intento por apresar lo irrecuperable donde los poemas se constituyen y nos hablan de nuestra relación con el entorno y con una naturaleza amenazada y la comunión con ella; que nos integra en un todo, pero también en sus fragmentos (montañas, mares, ríos, campos, flores, animales...). Queramos o no, creamos o no, la «magia» de los fenómenos naturales nos justifican y nos implican. Somos sueños, pero también estrellas, palabras y poesía (el hogar de lo simbólico). Y así en el poema «Madre», seguramente una de las primeras palabras que se vocaliza, aparece esa dificultad de integración y comprensión de un mundo simbólico pero insuficiente para plasmar la verdad. Por eso, el primer intento de poema se tacha, porque las palabras han nacido vacías y necesitan concretarse con otras más cercanas a la experiencia vivida y poder cantarla. O en aquel otro poema «Himno a julio» donde el mes estival nos ofrece su espectáculo luminoso y su promesa de felicidad y esperanza. Un canto, acaso, de lo que se pierde pero que de alguna manera nos constituye; testimonio, en definitiva, de gratitud y asombro.

En la segunda sección, PRIMAVERA ETERNA, aquella trascendencia y epifanía que se perseguía son la base de estos poemas que, instalados inmóviles en una primavera que se nos negó en época de pandemia y reclusión, se disfrazan con el ropaje y la afectación estética de una Edad Media recuperada literariamente. Esa «magnifica criatura» de múltiples y contradictorias facetas que nos caracteriza, adopta el papel de un yo lírico medieval y su peculiar forma de relacionarse y habitar el mundo circundante. Y así se nos aparece un caballero derrotado que intuye la muerte y pide a su amada que crea en un futuro donde serán recordados en una composición poética; o las muchachas cuyas quejas apenas oye el prisionero desde no se sabe qué torre preso; o el enamorado que enrama la puerta de su deseo; o la Ofelia del relato que sigue ahogándose interminable...

La búsqueda de belleza y sentido en ámbitos pretéritos constituye esa maravillosa anacronía.

En LA CASA DEL POETA esa búsqueda de sentido estético, se oculta ahora en diferentes máscaras: la del arte, la de la cultura, la del lenguaje, la del amor, la de los recuerdos y pesadillas. El poeta intenta «construir» una casa (terco e infatigable cuco), un refugio donde habitar este mundo incomprensible. Al final, el sosiego y la mesura contemplativa de la naturaleza podría ser el antídoto ante la desesperación y la tristeza.

En realidad, la última pieza, MÚSICA PARA TEATRO, vertebra todo el poemario: la música, la expresión artística, las palabras que componen y arman las historias y los relatos y los cantos y los himnos imaginados, las ficciones de extraordinarias mentiras (el teatro del mundo), intentan buscar la belleza, dotar de significado nuestra existencia, dar sentido a nuestros instantes, a nuestra búsqueda de misterio y el trastorno apreciado, porque nos ubica conscientemente en el asombro.

El verbo, como en el último poema, donde se trasmuta en semillas de todo referente exterior que nos rodea y que llegará a florecer con la imagen y la melodía de nuestros deseos, pero, ¡ay! la palabra apareció para etiquetar la ausencia y a veces se nos niega.

"So sind die Zeichen under Welt, Der Wunder viele".
mit–Unterthänigkeit Scardanelli.
(Siendo muchos los signos en el mundo, muchos los prodigios.
Humildemente Scardanelli)

F. HÖLDERLIN

I
CICLOS

El transcurso del tiempo no es homogéneo. Sus ritmos (el día y la noche, el ciclo lunar, la sucesión de estaciones, etcétera) crean desajustes. [...]
En esas perturbaciones puede abrirse el portillo que permite escapar del laberinto, el instante en que el tiempo se trastorna sin cesar en su movimiento.

ENRIQUE GAVILÁN DOMÍNGUEZ. *Otra historia del tiempo. La música y la redención del pasado.*

1

Se despierta.
De entre las sombras, acostumbrada a su altura, desciende
    la mañana y
lo que fue dolor
se resuelve en gozo.

Me penetra
la tierra con sus yemas
de tibio manantial y, cubierto de valle,
nada más encendido, comienza el canto.

(La primavera)

2

No veo...
apenas sombras encarnadas
como fruta de pulpa tierna
restallando y pegajosas tras los cristales.
Amapola de dulce pereza
instalada en el rebozo de los días largos
...ven con nosotros.
Acudid conscientes
al sopor de los días olímpicos y de su sueño.

(Pleno verano)

3

Este hombre que veis aquí
no es más que tiempo cubierto de musgo. Sin belleza, hoy
    los límites
se muestran confusos
y posan los líquenes
alas imprecisas sobre los labios.

Para nunca decir.
Para la boca nada.
Esta sombra de la tarde linaje de los pájaros.

4

Ríos del mundo sagrado
acuden solícitos cuando los nombras.
¿Qué idioma? ¿La palabra dónde?
No se hizo la lengua para celebrar los dioses. Hojas
    húmedas que tiernamente acaricias
y posas suaves sobre tus párpados
articulan las sombras de las palabras.
Todo es nuevo,
límpido tras el cristal de los huesos
y de su música;
melodía intacta que recoges
de qué flores;
solo estaban esperando, apenas pronunciadas, dentro de ti,
a su acabamiento.

5

En la vertical, disminuido,
San Jorge ataca vorazmente
el corazón del monstruo.
¡Aleluya!
Todo mal desterrado
será mil veces repartido
en las salas de los museos...
y miradas aviesas
querrán descubrir
el misterio del niño,
y curiosos ejércitos
volverán los ojos
al dolor y su centro.
De la estación,
con las primeras flores,
añade más luz, más añil sobre el fondo;
para siempre volver a la herida,
para volver, sí, a perderse.

6

Te has anudado, vida,
a mi ser más profundo.
No has ocultado la marca del carnero,
el templo desbaratado
por el hijo del hombre
y el impulso adolescente
de geminar la herida.
Así como el mar derrama sus ciclos,
tu sangre de animal asustado reclamará su lugar;
y en el sitio de la llaga
verdecerá cuanto quitaste,
y el barro del origen se verá saciado.

(Oráculo)

7

Bosques inquietos se gestan bajo sus párpados.
olvida firme su rumor pasado, nubla su cuerpo, flota,
　　　atraviesa los montes derretidos y
lo que alguna vez fue su casa
se aloja en su pecho,
dentro
lejos de todo.

(Florescencia)

8

¡Preparados para la magia!
¡Plenos de color paradisiaco! Resbala
cae
desde el pistilo
el humor dulce sobre sus pétalos.

(Idus de marzo)

Silencio.
La flor ya no se recuerda.
Lejos de todo, la nieve enmudece sus cantos. No amanece
     para las criaturas,
vueltas ya de sus ritos,
la antigua costumbre de preguntarse y
blancor es ya todo y memoria
y retiro sensual por las sábanas.

(Días de invierno)

10

Invisibles están ahora los pétalos de sangre.
Balbucientes se muestran tapizados los muros. Espesos de
    hiedra frecuentan a la araña
en el fanal del amor y de noviembre;
heraldos ambos de la esperanza...
promesas, nada más, después del frio.

(Límite glacial)

11

Inclina azul el horizonte
su postal de repisa navideña.
Miles de alfileres púrpuras atraviesan la superficie y
los senderos son apenas visibles
al ojo que los combate.
Necesario será elevarse a la noche
y sacudir, desde su altura,
la tristeza y su misterio.

(Cumbre de la dulzura)

12

Se precipita el sol sobre nosotros.
Siega:
cabeza de rubí –hermosa Francia silente–
tu corpiño de grosero algodón
cubre montes y valles y
ejércitos de pájaros lentos
que en demorada majestad nos coronan.
No querrás saber, sapo,
el don de tu calaña:
pegar viscoso tu lengua
en la mía
recién descubierta.

(Canícula)

13

–De la vida, lo más perfecto es el bosque. Se podrá
    demostrar lo contrario,
argumentar prolijas teorías…
pero desde la altura de su estrado de oro, perfecta en los
    primeros días de marzo,
la selva responderá "yo soy" inmutable.

(Dominio de Fauno)

14

Sereno. Dulce crepitar de la luz desatenta:
no piensa el fulgor descender en mi alma
su dichoso satén enmudecido.

Y es oscuro, solo instante,
todo un cielo en construcción
que se derrama
–dónde el equilibrio–
desamparado igual que un pez profundo.

(La hora del lobo)

15

Sonrojo ante tus líquenes abiertos descubiertos como
    sobre un mar.
Tanto dolor, tanta sombra que bebiste agazapado en los
    meses oscuros
ahora se olvida, de oro se cubre y sonríes maravillado
ante el trampantojo del verano
y su séquito.
–Déjame entrar ciego en tu sol.

(Himno a Julio)

16

A oscuras.
Tras la verbena.
(Todo un bosque que respira porque existes). Alguien
    había deshecho en pedazos una estrella
y se calcinaban desde sus cimientos
los muros de una ruina con forma de anillo. Tocaste la
    sombra del gato
atado a mi cintura
y en el beso,
temblaron los planetas y tus rodillas.
Mineral arquitectura esta,
la de permanecer en ti
y entrar en tu carne
como la piedra en lo eterno.

(Septiembre)

17

Transido de otoño y anchos muros descargas tu mecánica
    y sus símbolos. Padre viento, único siempre
en soledad coronada y
continuamente repetido.
El mismo lagar
donde pisamos el mosto
es el mismo centro de nuestros sueños.
Elévanos, Padre, hacia la transparencia.

No el cemento de la ciudad.
La cal viva, sin embargo,
de un cielo descerrajado sin aviso.
A pleno verano boqueas, oh dichosa, alma desnuda,
    labrada entonces
en el acero rotundo de la calle
y sus estigmas.

Prende la lluvia
los últimos estambres de mayo
a mis ojos,
tras el amarillo glotón
de los crisantemos.

(La estación de las lluvias)

19

Si el color descendiera de pronto inundaría el alma
hasta sus cimientos.
Palacios y siglos de decadencia
nos devuelven desde su altura
la erosión de su mirada,
el inquietante lamer de los años
en el instante frenético de la fotografía.

(Opus caementicium)

20

Me desangro atardecer en tu fluir apacible.
¿Desde cuántas riberas nos acechas?
Así, sin asustarnos.
Porque el miedo no imita a sus héroes
y los pulsos que nos dan de comer
son las grietas de tus medulas.
¿Desde qué noche llegas,
carmín asustado,
repartiendo el pan y
ordenando el planeta?

21

Llega ahora para acabarse
el día con todo su brillo.
La fruta deja racimos rendidos
a la altura de la boca
y todo el oro que atesoró el verano
se muestra incorruptible,
desmedido, loco por encerrarnos,
luminosos,
en su ámbar.

(Del otoño luminoso)

22

Se vistió de hiedra
con el sol a su costado.
Elevó la testa
como animal moribundo. Lentamente inspirada
la visión retrocede.
Desde qué fondo.
Desde qué altura llega ahora para desvanecerse
para nunca ser
y desbaratarme.

(Lamentación de lo sublime)

23

Deshojo el libro como a los primeros campos
la mano de escarcha sacude la belleza.
Una piel muda de delfín, fría,
de mercurio, transparente
entre los árboles,
cima de nubes, temblando
sobre la risa recién nacida, otra vez,
palpitante desde el labio
que ahora sangra.

(Primavera "El fulgor")

24

Celebras
sumido en el fondo
la llegada de la dicha.
Su dulce advenimiento
lamiéndote los miembros. Campanas de porcelana tibia
aún por hacer;
hincando, como laurel asustado, sus óseas raíces.

(Dafne)

Verde que naciste bullendo
desde más atrás de los años. Bosque que inclinas vencido
el terror y las amenazas.
Todo está como antes:
las bestias brillan en la sombra
y los pueblos demoran sus ritos;
pues una vez descubiertos a la magia,
nada tienen que ocultar que los eternice.

(Paisaje contemplado por Hölderlin desde su ventana)

26

Arrojados a la luz de septiembre
los gladiolos inclinan sus corolas.
Atraviesan siglos de ingratitud,
de madres en círculos de tiempo aventando las semillas,
como signos que escarban la memoria
en un rastro de nieve que no entienden.

Saben las flores de su complejo oficio
urdido por laberintos y selvas.

Quizá la canción reconozca mis venas
en sí misma replegado molusco
o estrella, abrasada ya,
en ronda solar de las estaciones sin término.

(Música para teatro)

28

Fresno: el primero en perder las hojas.
Brota.
¿Hasta cuándo
así desnudo
recortarás la luz
que me estorba?

"aunque tu miedo inventó mi miedo"

~~Arde su pelo más que ninguno...~~
~~¿desde qué incendio te levantas~~
~~recia y hermosa sin hacer ruido?~~
~~Sin otros ojos en los que apoyar la mirada, descansar el~~
~~tiempo, fondear el alma~~
~~buscas el qué, las regiones dónde.~~

~~Se pueblan las nubes de ángeles ciegos,~~
~~restos de ceniza y antigua lluvia.~~
~~No solo de recuerdos, mujer, esta canción se levanta.~~

(Vino la madre a apoyarse en el poema y lo encontró sucio, por
hacer; palpitante
sobre láminas de acero. Así que, gris y limpio de ángeles,
desplegó su altura)

Traigo entre los muslos, mamá, el frío de la noche,
la ausencia que inventó el vino y
el amigo muerto que Dionisias llora.

Del cuidado y la sopa los restos sin cotizar
te arrancan las plumas y rellenan los vanos
que alimentan colchones y dormitorios.

(el oro que el terrazo guarda…)

¿Qué orden ocupa mi corazón en el tuyo y
rebosa de animal para siempre enfermo
reclamando sus migajas y rebaje solar tu leyenda?

Entonces:
nazco desde tus manos para concretar el mundo.
Reivindico –*escucha*– tu hermosura
canción a canción.

(Madre)

Derrama la indecible blancura
delicados ríos a su paso,
bosques transparentes, selvas huidizas escapan del ojo que
    las observa.
Lejos.
Todo en la espiral del temblor
tras el cristal sucio de las fieras. Víctimas nosotros mismos,
escindidos y mortales, lejos del amor, más que ninguno
    poeta;
–ya sabes de tus artificios–
constructor de laberintos, – miserable–
a ningún sitio.

(Dédalo)

–Escucha. No es que lo digamos.
Es que el verano ha llegado
sin que nos demos cuenta–
Vuelve a la vida esta lucha de guerreros
de nuevo bienvenidos
–por sus movimientos gráciles los conoceréis– Esta mañana
    profunda
con sus lebreles de sombra
–los amaréis por su belleza–.
Vuelve esta mudanza llega
amasando con sus manos el día.

(Himno a Junio)

32

Si me pierdo,
buscadme donde el arroyo sobrevive a las sombras.
El lugar es este: hermano viento,
de cabeza hermosísima y rizada,
confundido en la altura
y orlado de granito.

Si me pierdo,
buscad en el azogue del agua
que subterránea agrieta la tierra.

Buscadme,
si pierdo la noche y las nubes del mediodía.
...que me busquen, si me pierdo,
en el reflejo sin par
huérfano de nombre.

(Cielo de agosto)

33

De acero luminoso,
en el límite de lo indecible,
esperan las criaturas
bajo la piel profunda de la memoria.

Vacíos y sin márgenes
vamos penetrando el horizonte,
conscientes de que tras la estación de las lluvias
la luz volverá victoriosa
a encelarse tras las sombras.

No más rápido que un latido
es un colibrí que pasa.

(Origen del animal)

34

Desolado.
Llagando la fina capa de nieve
bajo sus pies
¿qué signo trazas animal del mundo?
¿qué preguntas en el retiro de tu quietud
ahora que todo termina?

No temas.

Quizás el laurel reverdezca.

(Solsticio de invierno)

Enemigo de lo que se ama
¿qué rumor fratricida escondes en el pecho?
Si eres tú, esfera insondable, tierno corazón de espuma,
    esta alma mía irreconocible
y que me pesa
como una nave anclada en lo profundo
de los años
surcando las costillas, con avidez
guardada,

bien,
muy adentro.

(Enemigo mío "La culpa")

A qué beber en lo oscuro,
si la noche nutre y rellena tus huesos.
–Madre del silencio
ruega y mora en nuestras tripas
para que el bosque no se diluya
y se pierda donde no pueda verse.
Sin tanto ruido,
el corazón en la mano,
por esta luz dulce repleta de signos
que nos convoca desde los valles;
extraños sobre los puentes,
ahítos de claridad y anchos mundos...
contemplo la dicha y,
con prudencia,
me sumo a la ceremonia.

(Ruego a Flora)

37

Perdidos
de nieve.
Calados, de nieve, perdidos
buscan las sombras pero,
blanco contra
blanco nada
hay que nos oculte.

(Canción polar)

Nuestro mar.
Infectado de mosquitos.
El mismo miedo…
Un niño salta mientras se pudre en el futuro.
Nuestro mar
de cemento y hormigón diseñado.
El pájaro, el abuelo y la vulva intacta
con su tristeza reservada.
Cómo los animales anidamos
en avisperos de uralita y teja perdida.
Cómo gozamos de ayuntarnos al hueso
del océano recién nacido.
Dos sombrillas.
Un paseo marítimo en los ojos del niño;
de su madre la mano, como esta playa,
en un futuro, inmensa.

(¿Mare nostrum?)

39

Calla y escucha su canto
antes de que la montaña
silencie el baile.
Humedece tu piel de astro azul como aquel poeta moderno
que supo nacer desde la altura que creaban sus ojos.

Encontremos el poema que seguía perdido
y los ritmos que lo saciaban,
como si nunca hubiera pasado,
como si las palabras encajaran de pronto
y el hechicero recobrase su magia.

¡Somos los reyes del bosque
y este miedo desaparecerá!

(Las bodas de hielo)

Tu voz de agua:
laberinto de fuentes;
me doblega, me hunde en la noche una abundancia de
    abejas.
(Están zumbando mi nombre)
Liban los siglos pasados
desde la sima de tu garganta,
como si de pronto
todas las partes que nos separan
formaran una sola cosa;
extensa y sin memoria
ya madura para nosotros.
El suave pez que echamos al estanque permanece
    inmenso, ocupando solo,
todo nuestro espacio.

(Reivindicación del lugar)

Tras el verdor cubierto
ocultando las breñas:
desolados disfraces de lo que somos.

Arrojamos   cuándo la memoria.
Por el tallo   dónde.

Quizá en lo impreciso de su fondo
–amado contorno– donde te anulas
buscan las palabras
su acomodo en lo inasible,
la carne fresca del rito   dices

sin tiempo

los pájaros de lluvia
sobre el cuerpo desnudo   dices

sobre el agua
revelado y oscuro,
mucho más hermoso,   dices
proyectando un vacío
que no entiendes
y sobrevive a tus hijos

(Mar Cantábrico)

II
PRIMAVERA ETERNA

Me embarqué en una avellana
Por ver lo que había dentro;
Y estaba el sol y la luna,
Y las mudanzas del tiempo

POPULAR ARAGONESA

1
DESCIENDEN CATEDRALES
(DESLUMBRAMIENTO EN SIENA)

La luz que quiere ser luz
no se deja atrapar. Entra,
se escurre
por las vidrieras
(tierno recorrido de agua)
y llega a la luz que no es: pintadas estrellas,

bóveda de amor más amor
jamás soñado
porque no estaba escrito con palabras

sino con la luz pura
de un dios sin voz
en la luz y estrella de luz
de este tu nombre.

2
YEGUA NOCTURNA (MAL SUEÑO)

De estructura y de sueño:
pequeñas construcciones en racimo...

pero no fue la primera uva que se escanció en los
    alambiques del bosque;
no fue el golpe seco de ambrosía astillado en la boca,

el fresco humus de la tierra adentro, el amigo y refugio de
    las mozas conocidas, prisión y regocijo del luto en las
    paredes encaladas de negro,
pobre hijo de puta era.

3
DON FADRIQUE, CABALLERO CASTELLANO, INTUYE LA MUERTE ANTES DEL COMBATE (TRÍPTICO)

1. FRONTERA

Viene de otro tiempo no conocido. Deudor de lo alguna vez
fue límite, frontera vieja,
derrumbe
de tantas cosas ahogadas
en el adobe,
en el alero de lluvia,
la casa invisible al corazón;

y al final una cota de malla coraza
la pértiga que lo atraviesa.

2. DESPUÉS DEL AMOR

No sueñes.
A tu lado el hierro persevera en la grieta.
Una encía, un mordisco
de acero sepulcral.
No lo intentes.
No es ya la tormenta,
ni siquiera el quiebro

de un pájaro en vuelo; sino el silencio solo.
La herida de la noche.
Quizás el páramo se extienda vacío. Pero
entonces los lobos,
el musgo
las escalas que no subirás.
Y tú, mi señora,
no te postres,
despidámonos con la luz
y no refieras
a tus hermanas
aquello del trigo, el dolor,
la rúbrica en el rostro,
la partida y el viaje largo.
Sí. Tienes razón.
El tiempo escurre el azogue de los años.
No sientas en su mudanza
la violencia de presagios remotos:
la urraca innumerable
a la siniestra ya no nos reconoce.
No temas
oscura
mujer mía.
Seremos invocados por otras lenguas;
y en el asedio,
por sombras disfrazadas,
estarás allí.
Llena de Sueño.

3. Lamento en San Juan

Subterráneo recodo,
lecho de río.
Así mi memoria sola.
Ya no cogeré verbena
en la noche más larga.
Se fue tras madreselvas
y claveles,
bajo ramos de siemprevivas.

Si lo veis,
decidle que busco la noche lejos de las flores,
que duermo despierta
por los recuerdos.
Decidle que encuentro
en los huecos
la sombra fría que me dejó.

4
MAYA

–Decidme, hermanas:
¿Subió a la ventana
dejó su presencia,
bajó por la escala?
–Contadme, amigas:
¿aún en la herida
resuena el destino
del alma cautiva?

5
PNEUMA–ROMANCE DEL PRISIONERO

Por mayo era. Volví, volvimos,
en pocos días la flor.
Si encañan del amor los trigos.
Si desde la carne reclama el amor lo suyo...
no te escondas. A dentelladas podría encontrarte
y devolver para siempre la estación perdida:
del amor y sus prisiones,
y de los cautivos los besos,
y del cuervo
la flor.

6

Voy a enramar tu puerta amor mío.
Urdirla con guirnaldas y suturas.
¿Te alzarás desde mi cuerpo?
¿Qué zumo, dime, me arde en las manos
ahora que todavía no estás?
Registro con morosidad enferma
la suma exacta de los fonemas
que nos signan;
armados con su ruido,
con su nube de chal revelada.
Eternos de pronto.
Ocultos nunca.

7

Los ciervos el agua enturbian.
En silencio rueda y
rueda y rueda
la fábula y su continuo.
¡Viva el fondo de plata sobre la colina
y sobre el nombre nuestro!
¡Qué vuelva transparente
la pulpa del amor!

8

En la piedra sangre de
dioses.
En el animal piedra de
grulla
que formará la sombra
en la misma maceta
donde el plástico
se arruga.
En la casa sangre de
piedra
aunque el dios
solo exista en
la palabra.

9

Coronada de limo
resplandeció ante nosotros
–no te apures, el viento sacudió las cañas–
y de su cuerpo ya solo queda un rumor,
la pincelada de su sangre en tus ojos;
la carne azul en lo más alto del podio
como ofrenda y promesa
de un dolor inmaculado
–querida Ofelia–
deshilachada en cobre
a través de siglos y agua.

10

De amor asaeteado
los pequeños duelos
de una pasión joven todavía.
Que hay camino
Mamá
Que retuerce y vira
desde los estercoleros
del mundo vecino...
No este....
Este no.

11

Brindemos por el rapsoda
y por el nombre que no se agota.
Beberemos en la fuente y
junto a sus aguas
posaremos las ramas.
Brindemos por el fantasma
y su cicatriz de lobo;
por la hora incierta y
su lumbre de cerilla.
Brinda por la noche
y su verbo inacabable.
Acéptalo sin miedo:
deberás tragarlo sin masticar.

III
LA CASA DEL POETA

Pero Dios rompe el freno y continúa engendrando
magníficas criaturas,
seres salvajes cuyos alaridos
rompen esta campana de cristal

ROSARIO CASTELLANOS

1

Hay días, según cuentan;
días como golpes oxidados
que quiebran sus goznes
ante el cambio de las estaciones.
Ciclos de azogue agrietan las manos y
el magenta apenas es visible
por la niebla de dióxido.
–No soy yo quien está aquí… no puedo ser yo–
Todavía en la lágrima cabe
un mundo de belleza,
una oración, aquellas muertes. Pocas veces,
hay días
de golondrinas y escenarios
que alejan la tristeza
sin que el poder de su máscara nos salve.

2

Tienes la llave de lo sublime.
Escribe la historia y no sucumbas a la orfandad del hueco.
El relato que surja de la primavera no será porque nunca
    se llevó a cabo.
Ni césped, ni rojas arterias para los gorriones en flor.
Tu historia deberá ceñirse a la canción del cuco. ¡Ay,
    cantor, empeñado en construir tu casa a golpes!

3

Surgía feliz tras los escombros una espiga tan clara, en la
    vena tan sangre, salvaje en la noche de espaldas sobre
    el macizo del cuerpo y su curva tan clara, en la arteria
    tan muerte, un alga luminosa prensil y eléctrica.
Ven
al fondo de la boca.
Camina sin ruido hacia la humedad
y deja que las esquirlas
desmiembren la herida
sin número.

4

Hoy la belleza afila sus límites.
Quizás no haya un momento como este
en que el mundo vuelva a mostrar sus costuras.
–Mira bien, pues sediento de luz no es raro
que desaparezca entre la carne rosada la aurora entre los
    dedos, la de pie ligero… vacía la cabeza
y solo el vértigo exista en su altura
ciega.
Nada.

5
CEMENTERIO JUDÍO DE PRAGA

Concédeme tu risa.
Su amplio fantasma sin resistencia. Desciende el frío desde
un país calcinado
al paso oscuro de las catedrales.

Entrégame la mueca que guardas
tras signos de nieve.
                    ¿No es así como nos enseñaron?
Magnificar las azucenas de tu pecho,
el abanico de los cedros sobre
las cabezas recién tonsuradas de brisa, tan escondido, tan
        encelado el amor
de entonces .

Dame una señal, una palabra de luz
aunque no comprendas.
Atraviesa la urdimbre de los tejados,
su copo de araña deshaciendo los puentes.
                    Descuelga el amor.
Su relincho de luna bajo el hielo y los adoquines.

Sin embargo, debajo
no espuman el mar ni las promesas. Debajo
bulle la tierra y la turba

de los huesos encallados, o quizás antiguos juguetes
tras la retina.

Nuestros nombres quedaron en la piedra:
la muerte sobre la tinta fresca.

Dame una sonrisa
si crees que los templos rezuman
el ámbar de los muertos y
si el fuego extremo de la memoria derrama sus brasas.
Regalémonos una carcajada amplia, untuosa, y liberemos
    el sello
que aprisiona en el nácar
al monstruo y al mosquito,
el viento y el polvo disperso; equilibristas los dos,
creyentes y amantes
solo en este día,
en las copas encendidas del suburbio. Pero
si alguien no recordara, si todavía retuviesen con fuerza
una flor en el pecho;
es que quizás
no estaban preparados
para el acabamiento,
para el difuso restallar de las nubes, la locura y borrar y
    doler.
                Todo perdido en la aguja:
el ojo unánime que descubrí cuando niño. Aquel que
    transforma la muerte
en el lirio del poeta y
todo el amor que atesoraste solo

por recordarlo.

       He aquí sus síntomas:

el indeleble rumor apenas extinguido que anula y tiembla
    desde su raíz
la verdad y el disfraz del poema.

6

Islas de cerezo   hacia las focas
            bogan
                                        entre peñascos.
Y no es el verano el que persevera
en la roca.
Y no es la piedra la que
ultima mayo sin lluvia.
Y no hay anillos que
ornen la basura
y el plástico arado
por espadas y cuervos;
te acompañen y
firmemente
te desvanezcas.

Menciono a los animales que me acompañaron.
Quiero darles su lugar.
Agradecer los colmillos y el rizado
vellón que acaricio.
Maldecir y llenar de heces los hocicos
intactos que nunca desaparecen.
Y tengo miedo.
Miedo a sus fauces,
miedo al baile fantástico
y a su estertor violento.
Agarro sus gargantas y las ofrezco en sacrificio
para nunca recordar,
para jamás mentar la herida.

8

Brillo dentro del erizo.
Hermoso y constante:
parcialmente eléctrico.
Me deshago en leche
que flota un segundo
y al otro se contrae.
Denso como la arena.
Pesado como el jabón en
su pompa
tiembla el jardín.

9

Creo en el tiempo inmaculado perfecto en su plenitud.
Creo en el haz y el envés que asombran los senderos.
Su parte definida del todo: no en la hoja.
Creo en lo uno y en lo solo.
Exijo el lugar cambiante de lo subterráneo y su secreto de
     oro:
el insondable equilibrio de lo que a la fuerza es norma.

10

Podrías haberme dado la luz
en su veta más verde.
Abierto a estas horas
reverbera
el pan y el horno
y la sombra abre
el tiempo abre
luz
y por eso color
domina mi nariz y
el agua toda
el aroma extiende
y cima el ansia.
—*Calma. Mesa los cabellos.*
Recógete en lo pequeño.

12

Continúa el verde
El ovillo
Recogido
En su ser más puro
(hasta pesar el aire).

IV
MÚSICA PARA TEATRO

Pues ha de ser ante todo, a costa de todo, una continuidad sin desfallecimientos, un sostenido palabrear que borra la huella de la sierpe. De la sierpe esa que habló la primera dando así argumento a lo humano…

MARÍA ZAMBRANO

1

Ahora el palacio:
Apolo sin belleza,
sin canto y sin palabras
no escritas.
–porque está mal...el lugar que ocupas
no justificó tu casa.
Ya no existe la carta
ni el amor ni el diminutivo
estúpido que
entre lágrimas soltaba: ¡Mira si serás imbécil!
Belvedere todavía no está. Será
recolocado en tu cabeza
como recuerdo no construido
y pasará por el hueso
equivocado y toda imagen
será falsa:
se podrá amar pero sin las flores.
Se podrá entrar en la carne pero
sin jazmín ni verbena.
El romero y las piscinas
desaparecerán bajo pérgolas nunca
vistas y
entonces, quizás, la memoria.

2

De orillas que se levantan. De meandros como onzas
de oro. De estuarios y humedales cerca de los sitios
de recreo. Del verano y sus pinturas calcinadas. De
volcanes ensimismados en su leyenda. De amantes de
agua rígidos por siempre.

Así está bien.

De todo eso se compone nuestro relato.

Concebido en su principio.

3

Yo he visto el instante alucinado de unos ojos
 contemplando el fuego.
El vacío que se dilata a su alrededor será la voz más pura
 de lo posible.
He sentido en las encías la herrumbre de mis muertos y
 de todos los vencidos
que a su vez tratan de levantar el hueso para hurgar en la
 herida.
He contemplado fragmentos y homenajes, fábulas y
 tapices imitando la vida.

Nada hay más allá del agua que pueda ser aceptado.

4

Arde el cántico.
Desde las cenizas renacen incólumes las perdices y la
   vereda que conducía al bosque.
Bulle y se abandona la sangre a sus industrias, al arte del
   pájaro, al amor solo
que resplandece en la entrega; ilumina la estancia, el
   diván que conservó la belleza
y sus alegres saltos.
El rapto de mis dedos en tus muslos como mármol
   soñado;
huidizo, entre las yemas de Bernini, veo que se acerca
   con ruido,
firme el cuero, rasgando
con sus sandalias el silencio.

5

El árbol no estaba.
Iba creciendo a medida que lo creaban los ojos.
La ausencia y lo solo radical de la carne,
en esos momentos plena,
monumento y perfil eterno en el vacío.
Si no está, sí la sombra
y la desgana que construye imperios
y planetas de cedro
en el envés de la piel perfecta y
el papel garabateado.

6

Corazón en la almendra
decían tus manos
al sentirlas de jabón
en el légamo de la pesadilla
decían
así fugitivas
sin entender aún
aquel aroma sentido
en la memoria –decías–
ocultando belleza
para después disfrutarla.

7

Rama hoja a hoja vertiéndose desde lo oscuro como el ser
    desmayado sin descanso acostumbrado a la mudanza.
Día a día en su fluir incesante, Río de la nieve, con
    historias que se persiguen y alcanzan su culmen.
Primero el relato devorado incansable. Después el invento,
    los hechos y la mentira que amamos mientras la
    verdad se escurre.
La camuflamos como el sapo verde esconde su libélula
    antes de tragarla.
Toda esa belleza, toda esa verdad dolorosa y desnuda que
    no vemos; que debe y tiene que doler.
No asumida y desechada por nosotros.
Por todos nosotros.

8

en la mirada de los surcos
escondemos las semillas
de lo que no nos pertenece
y es la tierra toda
aquella celda abierta al error,
a la desidia y a la belleza.
esta es la teoría:
moldear en cada herida
el juguete de la ausencia
y arrebatar la flor del verbo
al mismo dios que nos miente.

ÍNDICE